BEI GRIN MACHT SICH IHR WISSEN BEZAHLT

AF140744

- Wir veröffentlichen Ihre Hausarbeit,
  Bachelor- und Masterarbeit

- Ihr eigenes eBook und Buch -
  weltweit in allen wichtigen Shops

- Verdienen Sie an jedem Verkauf

Jetzt bei www.GRIN.com hochladen
und kostenlos publizieren

Bibliografische Information der Deutschen Nationalbibliothek:

Die Deutsche Bibliothek verzeichnet diese Publikation in der Deutschen National-
bibliografie; detaillierte bibliografische Daten sind im Internet über http://dnb.d-
nb.de/ abrufbar.

Impressum:

Copyright © 2015 GRIN Verlag, Open Publishing GmbH
Druck und Bindung: Books on Demand GmbH, Norderstedt Germany
ISBN: 9783668401266

Dieses Buch bei GRIN:

http://www.grin.com/de/e-book/353800/mehrwiederholungskrafttest-zum-erstellen-
eines-trainingsplans-anamnese

Suzana Stepanovic

Mehrwiederholungskrafttest zum Erstellen eines Trainingsplans. Anamnese, Testung, Trainingspläne Makrozyklus und Mesozyklus

GRIN Verlag

GRIN - Your knowledge has value

Der GRIN Verlag publiziert seit 1998 wissenschaftliche Arbeiten von Studenten, Hochschullehrern und anderen Akademikern als eBook und gedrucktes Buch. Die Verlagswebsite www.grin.com ist die ideale Plattform zur Veröffentlichung von Hausarbeiten, Abschlussarbeiten, wissenschaftlichen Aufsätzen, Dissertationen und Fachbüchern.

Besuchen Sie uns im Internet:

http://www.grin.com/

http://www.facebook.com/grincom

http://www.twitter.com/grin_com

Deutsche Hochschule für

Prävention und Gesundheitsmanagement

Hermann Neuberger Sportschule 3

66123 Saarbrücken

Einsendeaufgabe

Fachmodul: Trainingslehre I

Studiengang: Bachelor of Arts - Gesundheitsmanagement

Datum
Präsenzphase: 30.06.2014 bis 03.07.2014

Name, Vorname: Stepanovic, Suzana

Studienort: **München**

Semester: **Wintersemester 2013**

Inhaltsverzeichnis

1 Diagnose

1.1 Allgemeine und biometrische Daten

Tab. 1: Auswertung des Anamnesefragebogens meines Kunden

Alter	49 Jahre
Geschlecht	männlich
Körpergröße	1,82 m
Körpergewicht	85,7 kg
Taille-Hüft-Quotient	0,88
Trainingsmotive und Wünsche	Kondition verbessern, Schulterschmerzen und Kopfschmerzen lindern, Rückenschmerzen in Lendenwirbel verbessern oder sogar beseitigen, Muskelkräftigung in den Armen und Händen
Berufliche Tätigkeit	Pflasterer und Tiefbauarbeiter; 9,5 bis 12 Stunden täglich
Aktuelle sportliche Aktivitäten	Fußballspieler, v. a. Torwart seit 1991 (ein Mal pro Woche); vor zwei Wochen 90 Minuten Krafttraining seit 19 Monaten in einem Fitnessstudio, dennoch sehr unregelmäßig – ein Mal monatlich alle zwei bis drei Monate
Frühere sportliche Aktivitäten	keine
Leistungsstufe	Geübter: Die Trainingserfahrung ist länger als sechs Monate und Krafttrainingserfahrung ist durch das frühere Fitnessstudio vorhanden. Als Fortgeschrittener wurde er nicht eingestuft, da er sehr unregelmäßig trainiert.
Trainingsumfang	zwei Stunden pro Trainingseinheit

3

Zeitlicher Verfügbarkeitsrahmen	zwei Mal die Woche je zwei Stunden
Gesundheitszustand	seit 1993: Migräniker, zwei bis drei Anfälle monatlich. Bei akuter Migräne Behandlung durch Akupunktur. 1996: Bandscheibenvorfall in L4/L5, trägt bei der Arbeit einen orthopädischen Gurt. 2012: Schulteroperation rechts wegen Sehnenriss. Riss kam möglicherweise vom Fußballspielen, da er oft als Torwart auf die Schulter fällt. Schmerzen kamen dennoch erst nach fünf Monaten. Entdeckt wurde der Riss durch eine Computertomographie. Seit dem mittel-starke Verspannungen in der Schulter und Halswirbelsäule, war früher oft bei einem Masseur. Jeden Tag starke Müdigkeit wegen vieler Arbeitsstunden (200h/mtl)
Medikamenteneinnahme	Triptane (Formigran) gegen Migräne, Voltaren gegen Schulter- und Rückenschmerzen
Subjektives Empfinden des aktuellen Wohlbefindens	Fühlt sich beim Training kaum gesundheitlich eingeschränkt.

Tab. 2: Bewertung der Diagnosedaten meines Kunden

Bewertung der Diagnosedaten:			
	Normdaten	Daten der Person	Bewertung
Blutdruck	< 130/80 mmHg	133/87 mmHg	Nach der Blutdruckklassifikation der American Heart Association ist der Blutdruck hochnormal, also im Normotoniebreich.
Ruhepuls	60 bis 80 Schläge pro Minute (S/min)	61 S/min	Der Ruhepuls liegt im normalen Bereich.
BMI	18,5-25,0 kg/m^2	25,87 kg/m^2	Mit 49 Jahren und 1,82 m Größe, weist er ein leichtes Übergewicht auf (Präadipositas).

1.2 Krafttestung

Für die Krafttestung meines Klienten wählte ich den Mehrwiederholungskrafttest, um die submaximale Trainingsintensität bestimmen zu können. Somit ist schon eine Grundlage für seine Belastungsdosierung gegeben. Da mein Kunde hauptsächlich seine Kraftausdauer steigern will, um seine Kondition für sein Hobby zu erhöhen, ist der Mehrwiederholungstest am geeignetsten, da er bei seinem Trainingsprogramm – nach dem Grobraster der Individuellen-Leistungsbild- Methode (ILB-Methode) (vgl. Eifler, 2000, 2013; Stack & Eifler, 2005) - 15 bis 30 Wiederholungen in einem Satz trainieren sollte, um seine Kraftausdauer zu steigern. Da er sich selbst sehr fit fühlt, konnte ich mit diesem Test überprüfen, ob er im Vergleich zu andren gleichaltrigen Kunden ein besseres, schlechteres oder gleiches Kraftniveau aufweist. So wird es mir leichter fallen, seine Trainingsintensität zu bestimmen (Eifler, 2000, 2013; Zimmer 1999).

Bevor der Test begann, musste er sich zunächst für ca. zehn Minuten aufwärmen. Wählen konnte er zwischen einem Laufband, einem Fahrrad oder einem Crosstrainer. Nach dem allgemeinen Aufwärmen folgte das spezielle bzw. spezifische

Aufwärmen. Hier wird die im Training beanspruchte Muskulatur mit leichtem Gewicht aufgewärmt. Das spezielle Aufwärmen ist notwendig, da die periphere Muskulatur mehr Zeit und mehr Ausdauer benötigt, um warm zu werden (Budde, 2014). Beim allgemeinen Aufwärmen, werden dagegen hauptsächlich die großen Muskelgruppen erwärmt.

Der zweite Schritt des Mehrwiederholungskrafttests ist der erste Testsatz der ersten Maschine. Getestet wurden „Abduktor", „Adduktor", „Rückenstrecker", „Rückenbeuger" bzw. „Bauchmuskelmaschine", „Beinpresse", „Armzug", „Bankdrücken", „Seitheber", „Ruderzug" und „Nackenstrecker". Nun wird, gemäß dem geplanten Mesozyklus, die Trainingswiederholungszahl festgelegt, z. B. 20. Anschließend sucht man ein Gewicht, welches einem Satz von exakt 20 Wiederholungen gestattet. Falls es gelingt mehr oder weniger Wiederholungszahlen bei einer Übung auszuführen, wird das Gewicht dementsprechend angepasst. Der Testsatz wird nach dreiminütiger Pause wiederholt, um die Muskeln konstant auf einem Kraftniveau zu halten. Dennoch dürfen nur maximal drei Testsätze an jedem Gerät absolviert werden. Das Gewicht wird je nach subjektivem Leistungsempfinden angepasst. Dieses Verfahren wird bei allen für ihn ausgewählten Maschinen angewandt. Nach dem Test erfolgt die Umsetzung der Ergebnisse in die Trainingsplanung. 60-80% des getesteten Gewichts wird in der Planung verrechnet.

Bei einer Wiederholung dieses Tests sollte dieser unter den gleichen Bedingungen stattfinden, also zum selben Wochentag und zur selben Uhrzeit, wie auch unter gleichen beruflichen und sozialen Belastungen stehen.

Tab. 3: Testergebnisse des Mehrwiederholungskrafttest (20-RM Tests)

Testergebnisse					
Trainingsmaschinen	WDH	erster Testsatz	zweiter Testsatz	dritter Testsatz	Ergebnis des Gewichtes für die Trainings- planung (gerun- det)
Rückenstrecker	20	59	79	93	56
Rückenbeuger	20	45	-	-	27
Abduktor	20	45	52	-	32
Adduktor	20	59	66	73	45
Beinpresse	20	59	79	86	52
Ruderzug	20	45	52	-	32
Bankdrücken	20	20	16	-	12
Seitheber	20	32	-	-	20
Armzug	20	52	48	-	32
Nackenstrecker	20	36	42	-	25

Im Vergleich zu anderen Kunden, habe ich ihn im Bereich der Armmuskulatur stärker eingeschätzt. Dennoch war das von mir gewählte Gewicht - welches meines Empfindens noch etwas leicht angesetzt war, da er als Pflasterer arbeitet - beim Bankdrücken und beim Armzug zu hoch gewählt. Beim Armzug konnten nur 17 Wiederholungen ausgeführt werden, beim Bankdrücken bloß 15. Im Hinblick auf das Training muss hier eine deutliche Verbesserung in den nächsten Wochen stattfinden.

Doch war, wie erwartet, das Kraftniveau in den Beinen und im Rücken deutlich höher. Das Resultat, welches ich vor dem Test zog, ist, dass er eine stärkere Beinmuskulatur haben sollte. Die Gewichte für den ersten Testsatz dieser Maschinen kamen ihm sehr leicht vor. Bei diesem Test wunderte es mich, dass er in seinen Oberschenkeln weniger Kraft besitzt als in seinem Rücken, obwohl er schon über 20 Jahre Fußball spielt und gerne läuft. Mein gezogenes Resultat hat sich nicht bestätigt.

Wenn mein Kunde es schafft, diesen Trainingsplan vollständig durchzuführen, kann er erwarten, dass eine entsprechende Muskelkräftigung und eine schnelle Reduzierung seiner Schmerzen gegeben sind, sowie die Häufigkeit seiner körperlichen Beschwerden verringert werden kann.

2 Zielsetzung/Prognose

Mein Klient hat drei spezielle Wünsche im Hinblick auf seine Gesundheit, sein Wohlbefinden und seine sportliche Leistung. Diese Ziele wurden in Grob-, Fein- und Feinstziel unterteilt - unter Berücksichtigung des Ausmaßes und der Zeit, in der das Ziel erreicht werden soll.

Tab. 4: Unterteilung der Zielsetzung in drei Ebenen

Ableitung von Zielen			
	Inhalt	Ausmaß	Zeit
Grobziel	Rückenschmerzen verbessern bzw. Rückenmuskulatur kräftigen, sodass er bei der Arbeit für kurze Zeit keinen orthopädischen Gurt tragen muss	mindestens zwei Stunden	zehn Wochen
Feinziel	Laufen, ohne schnell erschöpft zu sein	drei Stunden	acht Wochen
Feinstziel	seitliche Klimmzüge	zehn Wiederholungen	sechs Wochen

Das Grobziel – die Rückenschmerzen zu beseitigen bzw. zu verbessern – ist das Hauptmerkmal auf das wir uns stützen, da ihn diese Schmerzen, vor allem bei der Arbeit, am meisten stören. Da das Tragen des Gurtes auf lange Zeit sehr unangenehm ist, möchte er ihn für mindestens zwei Stunden abnehmen können.

Das Fein- und Feinstziel hat etwas mit seiner Lieblingssportart und seinem Hobby (Fußball spielen) zu tun. Er ist seit über 20 Jahren in einem Verein und spielt dort als Torwart. Um zusätzlich auch im Mittelfeld spielen zu können, muss er deshalb seine Kondition verbessern. Da die Spiele und das Training manchmal länger als zwei Stunden dauern, möchte er drei Stunden ohne Seitenstechen und ohne starke Erschöpfung laufen können. Dieses Ziel möchte er in acht Wochen erreichen. Durch das Feinstziel – die seitlichen Klimmzüge – möchte er seine Armmuskulatur stärken, um die Bälle besser halten zu können. Zudem braucht er seine Armmuskulatur bei der Arbeit, da er schweres Baumaterial heben und tragen muss.

3 Trainingsplanung Makrozyklus

Tab. 5: Darstellung des Makrozyklus nach der ILB-Methode

	Meso-zyklus I		Meso-zyklus II	Meso-zyklus III		Meso-zyklus IV
Dauer in Wochen		6	6	4		6
Trainings-ziel		Kraft-ausdauer	Hyper-trophie	Maxi-malkraft		Kraft-ausdauer
Trainings-system		GK	GK	GK		GK
Häufigkeit/ Woche		2	2	2		2
Übungen/ Muskel	ILB-Test mit 20 WDH	1-2	ILB-Test mit 20 WDH	1-2	1-2	ILB-Test mit 20 WDH	1-2
Sätze/ Übung		2	2	2		2
Intensität		60-80 % ILB	60-80 % ILB	60-80 % ILB		60-80 % ILB
Wieder-holungen		20	12	6		25
Satzpause		60 Sek	90 Sek	120 Sek		60 Sek
Bewgungs-tempo		2-0-2 Sek	2-0-2 Sek	2-0-2 Sek		2-0-2 Sek

Mein Kunde wird zunächst in das Grobraster zur Trainingsplanung der ILB-Methode unterteilt. Wichtig ist hierbei die Zeitstufe. Da mein Kunde schon über ein Jahr trainiert, es jedoch auch Zyklen gab, in denen er drei bis vier Monate nicht beim Training war, wird er als Geübter des Rasters für sein Krafttraining eingestuft.

Mein Kunde nimmt sich für das Training zwei Mal die Woche je zwei Stunden Zeit, um sein Programm durchzuführen. Da ihm Hypertrophie und Maximalkraft auch wichtig für sein Training sind, vor allem für sein Fußballtraining, werden diese Ziele genauso oft trainiert wie Kraftausdauer. Diese beiden Zyklen werden nicht reduziert. Es werden ein bis zwei Übungen pro Muskelgruppe gewählt, da er als Geübter bis zu 12 Maschinen trainieren darf. Geübte können nach dem Grobraster mit einer Intensität von 60-80 % des ILB-Tests trainieren. Als Organisationsform wählte ich ein Ganzkörpertraining für Mesozyklus I-IV, da er seinen Ober- und Unterkörper trainieren muss, um seine Ziele zu erreichen - Oberkörper für Grob- und Feinstziel und Unterkörper für sein Feinziel. Er braucht einen starken Rücken für seine Arbeit, starke Arme für seine Torwartposition und seine Beine zum Laufen, denn eine starke Muskulatur fördert auch das Ausdauertraining. So wird es ihm beim Laufen im Mittelfeld leichter fallen, länger durchzuhalten.

Die Periodisierung beginnt bei meinem Kunden mit dem Trainingsziel Kraftausdauer für sechs Wochen, danach mit der Hypertrophie für sechs Wochen und anschließend Maximalkraft für vier Wochen. Nach den 16 Wochen wird dann nochmals auf Kraftausdauer trainiert. Wir spezialisieren uns auf das Ausdauertraining an Geräten, da sein Hobby ihm nach seiner Gesundheit am wichtigsten ist und sich so sein Körper auf eine ständige Trainingsbelastung einstellen kann. Dafür braucht er Ausdauer und Kraft. Im zweiten Mesozyklus wird auf die Hypertrophie, wegen seiner Torwartposition und der Stärkung seiner Rückenmuskulatur, eingegangen. Deshalb werden Mesozyklus I und II gleich lang trainiert – sechs Wochen. Die Maximalkraft wird nach der Hypertrophie trainiert, um die Muskulatur vermehrt zu stabilisieren und ihr eine neue Art der Belastung zu verschaffen, bevor wir wieder auf die Kraftausdauer zurückgreifen.

4 Trainingsplanung Mesozyklus

Tab. 6: Darstellung des Mesozyklus

Leistungsstufe: Geübter

Trainingsziel: Kraftausdauer

Organisationsform: Ganzkörpertraining

Satzzahl pro Übung: 2

Satzpausen: 60 Sekunden

Bewegungstempo: 2-0-2 Sekunden

Übung	WH	Woche 1 60% ILB	Woche 2 65% ILB	Woche 3 70% ILB	Woche 4 75% ILB	Woche 5 80% ILB	Woche 6 80% ILB
Rücken-strecker	20						
Rücken-beuger	20						
Abduktor	20						
Adduktor	20						
Bein-presse	20						
Ruderzug	20						
Bankdrü-cken	20						
Armzug	20						
Seitheber	20						
Nacken-strecker	20						

Der Rückenstrecker wurde als erste Trainingsmaschine ausgewählt, da sein Ziel, genauer gesagt sein Grobziel, der Aufbau bzw. die Schmerzreduktion in seinem

Rücken ist. Der Bauch (Rückenbeuger) wurde als Antagonist gewählt, um keine Dysbalancen herzustellen. Mittlerer und kleiner Gesäßmuskel wurden zur Stabilisierung der Lendenwirbelsäule gewählt und als Gegenspieler der Adduktor. Die Beinpresse wurde für sein Feinziel ausgesucht, damit er mehr Kraft in den Beinen und keine Krämpfe beim Laufen bekommt. Der Ruderzug und das Bankdrücken wurden zur Stabilisierung des Oberkörpers gewählt. Da beim Ruderzug zusätzlich die Trapezmuskulatur trainiert wird, dies aber für seine Schulter nicht genug ist, wählten wir noch den Armzug, um den unteren Teil des Trapezmuskels zu trainieren, und den Seitheber um den Deltamuskel aufzubauen. Mit diesen Maschinen – vor allem mit der Seithebermaschine - stabilisiert er seine Schulter, für den Fall, dass er sich als Torwart seitlich fallen lassen muss. Der Ruderzug und der Armzug trainieren auch seine Arme, die er für die Erreichung seines Feinstziels braucht. Zu guter Letzt wird der Nackenstrecker in sein Programm mit aufgenommen. Diese Maschine trainiert den Streckmuskel der Wirbelsäule. Er setzt bei den Dorn- und Querfortsätzen aller Wirbel, der Rippen und dem Hinterkopf an und hat seinen Ursprung bei den Dorn- und Querfortsätzen aller Wirbel, des Kreuzbeins, des Darmbeinkamms und der Rippen (Kieser, 2007, S. 70). So könnte es gelingen seine Migräne zu lindern, da wir so seine Halswirbelmuskulatur kräftigen und er nicht mehr so empfindlich reagieren wird.

5 Literaturrecherche

Meine Literaturrecherche führte ich zu den Effekten des Krafttrainings bei arterieller Hypertonie durch. Die erste beschriebene Studie ist von Diplom Sportwissenschaftlerin Frau Anna Lena Birkenbach und die zweite recherchierte Studie von Barbara Strasser, Paul Haber, Christoph Strehblow und Edmund Cauza.

Frau Birkenbachs Studie wurde im Jahre 2011 publiziert und wurde mit 55 Probanden durchgeführt. Davon waren 13 Frauen und 42 Männer im Alter von 54,7 +- 10,4, mit einer Größe von 175,3 +- 8,3, einem Gewicht von 87,3+-14,7, einem BMI von 28,4+-4,1 und einem Bauchumfang von 101+-10,1. Das Einschlusskriterium war die Indikation einer arteriellen Hypertonie Grad I, evaluiert an einer 24h-Blutdruckmessung. Von dem Versuch ausgeschlossen wurden Personen mit antihypertensiver medikamentöser Einstellung in den vergangen 12 Wochen vor der Studie, auch die, die in den letzten drei Monaten sportlich aktiv waren, Hypertonie Grad II oder sekundäre Hypertonie, koronare Herzkrankheit, Herzinsuffizienz und Herzvitien aufweisen. Auch ausgeschlossen wurden Personen mit höhergradigem Erregungsbild und/oder Erregungsleistungsstörungen am Herzen oder einem Herzinfarkt innerhalb der letzten drei Monate vor der Studie (S. 22/23).

Bevor der Versuch von 12 Wochen starten konnte, wurden die Probanden in vier vergleichsstarke Gruppen eingeteilt: eine Ausdauergruppe, eine Kraftgruppe, eine Ausdauer- und Kraftgruppe, sowie eine Kontrollgruppe (S. 23/24). Dennoch durfte in der Versuchszeit kein systematischer Sport betrieben werden. Zu Beginn des Trainings wurde anhand eines Gesundheitsfragebogens der Gesundheitsstatus erhoben. Das Blutparameter, der BMI, die Ruheherzfrequenz, die kardiale Funktionsfähigkeit, die Herzfrequenzvariabilität und der arterielle Blutdruck wurden von jedem einzelnen Teilnehmer gemessen. Mit einem Stufentest auf einem Fahrradergometer und einem Test des maximalen Drehmoments des vierköpfigen Schenkelmuskels und des zweiköpfigen Armmuskels, wurde eine Spiroergometrie durchgeführt (S. 27-29). „Die Spiroergometrie ist ein Verfahren, mit dem sich qualitativ und quantitativ Reaktionen von Herz, Kreislauf, Atmung und Stoffwechsel während muskulärer Arbeit sowie die kardiopulmonale Belastbarkeit beurteilen lassen. Über die kontinuierliche Messung von Atemstromstärke, Sauerstoffaufnahme, Kohlendioxidabgabe und Herzfrequenz lassen sich die Limits der Leistungsfähigkeit und eine Differenzierung leistungslimitierter Systeme erarbeiten." (Wonisch, Hoffmann, Pokan, Kraxner, Hödl, Maier, Watzinger, Smekal, Klein, Fruhwald, 2003, S. 383) Alle Gruppen absolvierten drei Trainingseinheiten pro Woche. Eine progressive Steigerung der Intensität und der Dauer erfolgte bei allen vier Trainingsgruppen. In der Krafttrainingsgruppe durchliefen alle ein Ganzkörpertraining in Form eines Zirkeltrainings. Der Durchgang des Zirkels wiederholte sich zwei Mal mit zehn Wiederholungen und einer halben Minute Pause zwischen den 13 Geräten. Um hier die Belastung bestimmen zu können, erfolgte in der ersten Testwoche ein 1-RM Test an jeder Übung (S. 26).

Nach den 12 Wochen wurde ein reduzierter Blutdruck des systolischen Wertes von 3,74 % bzw. 5,50 mmHg festgestellt und vom diastolischen 4,73 %/4,20 mmHg. Im Gegensatz zu der Ausdauertrainingsgruppe, die eine Reduzierung von 3,12 % systolisch und 4,48 % diastolisch hatte, wird beim Krafttraining der Blutdruck um 1,30/0,50 mmHg mehr gesenkt. Doch die größte Wirkung zeigt die Kombination von Ausdauer- und Krafttraining, um die arterielle Hypertonie zu senken. Sie liegt nämlich bei einer Reduzierung des Blutdruckes von 6,40/4,40 mmHg.

Die zweite Studie von Frau Strasser, Herrn Haber, Herrn Strehblow und Herrn Cauza wurde am 01.07.2008 publiziert. Sie wählten 10 Patienten im Alter von 59,7 +- 7,3, über deren Diabetesabteilung mit einem ambulanten 24h-Blutdruckmesssystem.

Der Versuch des Krafttrainingsprogrammes wurde innerhalb von vier Monaten durchgeführt. Alle Probanden trainierten drei Mal pro Woche, jedoch durften die Tage nicht aufeinander folgen. Vor und nach der Trainingsphase wurde das 24-Stunden-Blutdruckprofil, der HbA$_{1c}$[1], die maximale Sauerstoffaufnahme und Wattleistung mit einem Belastungsergometrie am Fahrrad und das Einwiederholungsmaximum mit einer Dynamometrie mit den Trainingsübungen gemessen. Das Programm enthielt Übungen für alle großen Muskelgruppen (Bankdrücken, Bankziehen und Beinpresse). Die Satzanzahl pro Muskelgruppe pro Woche wurde mit drei Sätzen begonnen und mit sechs der Periode beendet.

Das Resultat des Krafttrainings nach vier Monaten zeigt eine Reduktion der mittleren arteriellen Hypertonie von ca. 3,4 % mmHg.

Diese Studie zeigt uns ebenfalls, dass Krafttraining ein gutes Mittel für die Reduktion des Bluthochdrucks ist und „möglicherweise das Risiko für spätere kardiovaskuläre Erkrankungen reduziert." (Strasser, Haber, Strehblow, Cauza, 2008)

---

[1] „Hb steht für Hämoglobin, einen Eiweißstoff [...], der für den Sauerstofftransport im Blut verantwortlich ist. Das Hämoglobin transportiert Sauerstoff von der Lunge zu den Körperzellen und beseitigt das dort entstandene Kohlendioxid. Das Zuckermolekül kann mit Eiweißen eine chemische Reaktion eingehen, so auch mit dem Eiweißstoff Hämoglobin. Je nachdem, an welcher Stelle des Eiweißmoleküls diese Reaktion erfolgt (A$_1$ oder A$_{1c}$), unterscheidet man diese „verzuckerten" Hämoglobine." (Sander, 2002)

6 Literaturverzeichnis

Birkenbach, A. L. (2011). *Auswirkungen von Ausdauer- vs. Krafttraining vs. der Kombination Ausdauer-/Krafttraining auf die systemische Hämodynamik, Gefäßelastizität sowie Herzfrequenzvariabilität bei Patienten mit arterieller Hypertonie.* Genehmigte Dissertation. Köln: Deutsche Sporthochschule Köln.

Budde, J. (2014). *Muskelerwärmung – Allgemeines und spezifisches Aufwärmen.* Zugriff am 12.07.2014. Verfügbar unter http://www.bodyattack.de/muskelaufbau-training-aufwaermen.html

Eifler, C. (2000). *Krafttraining nach der ILB-Methode – Eine empirische Überprüfung der Trainingseffekte bei Anfängern und Fortgeschrittenen.* Unveröffentlichte Diplomarbeit. Saarbrücken: Universität des Saarlandes.

Eifler, C. (2013). *Empirische Überprüfung der Effekte verschiedener Ansätze zur Intensitätssteuerung im fitnessorientierten Krafttraining.* Dissertation. Saarbrücken: Universität des Saarlandes.

Kieser, W. (2007). *Ein starker Körper kennt keinen Schmerz - Gesundheitsorientiertes Krafttraining nach der Kieser-Methode* (5. Auflage). München: Wilhelm Heyne Verlag

Sander, W. (2002). *Was bedeutet der HbA$_1$/HbA$_{1c}$-Wert?.* Zugriff am 14.07.2014. Verfügbar unter http://www.diabetiker-hannover.de/diab_hannover/hba1c.htm

Strack, A. & Eifler, C. (2005). *The individual lifting performance method (ILP) – a practical method for fitness- and recreational strength training. In J. Gießing, M. Fröhlich & P. Preuss (Hrsg.), Current Results of Strength Training Research – An empirical and theoretical Approach.* Göttingen: Cuvillier

Strasser, B., Haber, P., Strehblow, C., & Cauza, E. (2008). *Der Effekt von Kraft-training auf den arteriellen Blutdruck bei PatientInnen mit Diabetes mellitus 2.* Zugriff   am   14.07.2014.   Verfügbar   unter http://www.springermedizin.at/artikel/782-der-effekt-von-krafttraining-auf-den-arteriellen-blutdruck-bei-patientinnen-mit-diabetes-mellitus-2

Wonisch, M., Hofmann, P., Pokan, R., Kraxner, W., Hödl, R., Maier, R., Watzin-ger, N., Smekal, G., Klein, W. & Fruhwald, F. M. (2003). Spiroergometrie in der Kardiologie- Grundlagen der Physiologie und Terminologie. *Journal für Kardio-logie. Austrian Journal of Cardiology. Österreichische Zeitschrift für Herz- und Kreislauferkrankungen, 10* (9), Seite 383

Zimmer, M. (1999). *Entwicklung und Erprobung eines Mehrwiederholungstests zur Erfassung der Kraftleistung im Fitness-Training.* Unveröffentlichte Diplom-arbeit. Saarbrücken: Universität des Saarlandes.

7 Tabellenverzeichnis